www.tredition.de

AF185660

Andreas Reinemer

Pillepalle & Kravalle

Gedichte in Aspik

www.tredition.de

© 2016 Andreas Reinemer

Verlag: tredition GmbH, Hamburg

ISBN
Paperback: 978-3-7345-6661-5
Hardcover: 978-3-7345-6662-2
e-Book: 978-3-7345-6663-9

Printed in Germany

Dieses Buch widme ich meiner lieben Nichte *Clara*.

Einleitung

Hallo lieber Leser! Ich bin „Batman". So nennen mich zumindest meine Freunde. Ich freue mich sehr, dass Dieses Buch den Weg in deinen Besitz gefunden hat. Was Du in diesem Buch vorfinden wirst? Nun, es werden alltägliche Situationen satirisch und lustig in gereimter Form geschildert. Sicherlich wird Dir die eine oder andere Situation bekannt vorkommen, denn Sie sind direkt aus dem Leben gegriffen.

Begleite mich nun also auf meiner Reise durch den Wahnsinn des Alltags, durch die Welt der feinen Speisen und durch die total bekloppte Geschichte der Menschheit, ich lade Dich hiermit ganz herzlich dazu ein:

Die Einladung

Sprechet! Sprechet! Nur kein Zwang,
mit Worten man viel beschreiben kann.
Doch längst nicht alles fällt zutage,
denn die Sprache ist viel zu vage,
vermag es nicht zu deskribieren,
was wir sonst noch produzieren:
Kreatives, Kunst und Leben
sind wertvoll Gut, und muss man pflegen!

Deshalb liebe Gleichgesinnte,
hier in wohlgereimter Tinte;
wird fortgesetzt die Tradition
zu schaffen harmonierend Ton.
Wie eine Fee mit güldenem Haar,

lockt der Wohlklang eine Schaar.
Im Gedichtkleid verführt sie Dich bald.
Die Kraft der Kunst wird niemals alt.

Das Siegel auf die Einladung stempelnd,
Dichter

… und jetzt geht es los!

Vom alltäglichen Wahnsinn

Kennst Du das: Du knabberst beim Filmschauen auf dem Sofa leckeres Feingebäck und krümelst dabei wie ein Schwein, die Freundin tötet Dich deshalb schon mit ihren Blicken, aber Dir ist es egal, denn Silvester und Arnold räumen im Film mit ihren Gewehren und bärenstarken Muskeln so richtig auf? Typisch Mann! Doch was passiert eigentlich mit diesen Krümeln?

Der Keks

Schoko hat er auf der Mütze,
gefüllt ist er mit süßer Grütze.
Butter, Mehl und Zuckerberg,
so köstlich, lecker Knabberwerk.

Doch da! Ein kleiner Krümel bricht,
der Knabbernde bemerkt es nicht
und fällt beharrlich weit hinab
in des Sofas Polstergrab.

Er staunt, denn er ist nicht allein!
Auch andere haben hier ihr Heim:
Chips und Fussel diese Dussel,
Fingernagel, auch zwei Haar
Und ne ganz' Rosinenschaar.

Und der Keks mit großer Freude
Tanzt und feiert mit der Meute.
Höret hin Ihr feinen Leute,
denn werden Sie nicht weggesaugt,
dann feiern sie bestimmt noch heute!

(Dem Orakel die Vase klauend,
Neo der Tölpel)

Ein Freund von Dir verrennt sich in eine blöde Idee. Dazu kommt, dass er blindlings auf sein Ziel losberserkert und die damit einhergehenden Gefahren nicht erkennt. Doch Du, als guter Freund, stehst natürlich parat, um ihn am Ende aufzufangen und mit einem selten dämlichen Spruch aufzumuntern.

Das Äffchen und die Kokosnuss

Hoch oben in der Höhe ragt,
was der Affe so sehr mag:
Der Kokospalme lecker Frucht,
zu stillen die fanatisch Sucht.

Ungleich einer leichten Birne,
lockt die Nuss nicht wie ne Dirne,
denn zu knacken ist sie schwer,
doch umso leckerer ihr Verzehr!

Das Äffchen sich den Stamm hochwindet,
trotz Warnruf hoch hinauf entschwindet,
hat die Hälfte fast geschafft,
noch mal so viel, dann ist's vollbracht.

Die Händ und Füß sind schon ganz wund,
und Durst den Aff quält tief im Schlund,
„weiter, weiter gib nicht auf!
Denn du willst ja hoch hinauf!"

Nun ganz oben angekommen,
die Nuss fest in die Hand genommen,
ziehen, reißen, er hat sie bald!!
… doch da verliert der Aff den Halt.

Und er fällt bis ganz nach unten,
schlägt unsanft auf, es klaffen Wunden.
Hat es grad so überlebt,
schmerzgekrümmt den Kopf er hebt.

Da die Nuss trennt sich vom Stamm
Und ein Unheil bahnt sich an:
Die Sonne blendet, der Aff sieht's nicht,
die Nuss ihm knallt voll ins Gesicht.

Drum Kokosfreund, ein guter Rat:
Hab stets ein Gewehr parat.
Babo ist, wer ne Knarre hat
und schießt die Nuss von der Palme ab!

(Das Kokosimperium leitend,
der Schlingel mit dem Schießgewehr)

Wir befinden uns auf Arbeit. In der Firma. Es gibt wieder mal viele neue Themen und Problemstellungen zu bearbeiten und zu diskutieren. Bei dem derzeit wichtigsten Thema hast Du die Lösung klar vor Augen. Du weißt auch, wie man es angehen sollte und die Lösung auf kürzestem Wege erreicht. Doch dann... kommen andere hinzu die mitspielen wollen. Jeder gibt seinen Senf dazu und die Standardfloskeln des Business-Alltags erzeugen unweigerlich Brechreiz. Das Chaos nimmt seinen Lauf. Eine Geschichte von vielen Köchen die den Brei verderben, oder: Warum es manchmal besser ist den Nagel selbst in die Wand zu schlagen:

Das Kunstwerk

Ein Bild, zu zieren kahle Wand,
drum nimmt man in die eine Hand,
nen Hammer und in die andere dann,
den Nagel und fängt zu hämmern an.

Das Metall nun ragt heraus
man hängt daran das Bild nun auf.
Die Arbeit ist somit vollbracht,
Mensch, dass hast du toll gemacht.

Es könnte doch so einfach sein,
doch man beruft ein MEETING ein...
„Projekt" nennt man das Ganze nun,
es gibt unglaublich viel zu tun!

Projektteam und Expertengruppe,
25-Leute-Truppe,

Wirtschaftlichkeitsberechnung, Ablaufplan,
die Buchhaltung schlägt schon Alarm.

Die Diskussion ist voll am Laufen,
Ingenieure sich mit den BWLern raufen.
Haben wir eigentlich die Expertise,
oder vergibt man lieber diese?

Projektbesprechung nach 4 Wochen,
die Chefs sind schon total am kochen.
Ergebnisse werden noch heute verlangt,
ein jeder um seinen Bonus bangt.

Am Ende hängt das Bild…. zwar schief
Und leider auch noch viel zu tief,
Qualität ist keine da,
auch wenn's unfassbar teuer war.
Zusammenfassend haben wir nun,
Lohnkosten für der 25 Experten Tun.
Die Leistung von Extern noch oben drauf,
ausgegeben wurde das Geld zu Hauf.

Das Bild bald von der Wand abfällt,
doch sicher ist das Bonusgeld.
Strafe? Tadel? Das wird schwer,
den Externen gibt es nicht mehr.
Also wird's neu aufgezogen,
Projekt auf Prio 1 gehoben.
Diesmal werden wir's besser machen,
mit 50 Mann ist es zu schaffen.

„Wir sind nun besser aufgestellt"
Motivationsreden werden gebellt.

Mit den PS nun auf der Straße,
ja da hoppelt er, der Hase.

Das Kunstwerk hier ist nicht das Bild,
dass immer wieder vom Nagel fällt.
Nein, es ist der werte Mensch,
der ständig nur im Kreis rum rennt.

Deshalb hier ein kleiner Rat:
Schreite manchmal selbst zur Tat.
Machen, nicht labern, zeige Mut!
Wirst sehen, das tut richtig gut :-)

(Den Business-Banausen die Daumschrauben anlegend,
Paul Pragmato)

Du sitzt mit einem Kumpel, oder einer Kumpeline am Tisch und Ihr unterhaltet Euch. Die Unterhaltung ist gerade sehr aufregend und da vernimmst Du ein leises Surren aus der Jackentasche des Gegenübers. Dieser greift sofort nach dem in der Tasche befindlichen Smartphone, denn das Surren verkündet: „Incoming Message!". Gespräch am A****. Den Blick nur noch auf das Mobilgerät vertieft, bekommst Du nur noch solche Dinge wie „Joar", oder „Aha" als Antwort. Vor dir sitzt ein Zombie.

Mama, Papa, Kind, Zombie

Da taumelt er, frei von den Sinnen,
der Mensch, fängt immer mehr an rumzuspinnen.
Im Kopf das Hirn wird aufgefressen,
der Körper nun total besessen.

Im Wahn sucht unser Zombie Knilch,
keinen Käse und auch keine Milch.
Nein, frisches Fleisch er mag so sehr,
das ist sein allerliebst Verzehr.

Also wird zuerst zernagt,
die Familie und danach,
die Nachbarn und von Gegenüber,
Herr Kennedy, samt Frau und Kinder.

Das Virus sich gar schnell verbreitet,
wie einer der Vier, der auf dem Pferdchen reitet.
Macht den Mensch zu leerer Hülle,

will nur noch fressen in vollster Fülle.

Die Vernunft in Gänze schwindet,
was man sucht, aber nicht findet,
ist menschliches, ja ganz banal,
doch der Wahnsinn ist global.

Von welchem Virus sprechen wir,
der da macht den Mensch zum Tier?
Kommt er aus dem Chemie-Labor
und öffnete der Hölle Tor?

Oder war ein Unfall dies,
und der Virus heimlich sprieß,
unentdeckt und ganz verborgen,
hat langsam so den Mensch verdorben?

Nein, dieser Virus ist viel schlimmer:
Twitter, Dummheit, Fernsehflimmer,
Bildungsbrachland, große Mäuler,
„Ich will Alles!", Hauptsache teuer.

Facebook dient als Bildungsbibel,
der Mensch sich schält hier wie ne Zwiebel.
Gibt Einblick in unendlich viel Stuss,
sodass man beinah weinen muss.

Diese Zombies fressen auf,
den Mensch, die Sitte und den Brauch,
wir müssen uns nun langsam wehren,
aber nicht mit Schwert und Speeren!

Sondern mit verbaler Keule,
berserkern durch die Geistesfäule.
Und am Ende siegen wir,
stoßen an mit Schnaps und Bier!

(Kneipenparolen krächzend,
alter Sack)

Heute steht ein Ausflug an. Freizeitpark, Schwimmbad, Wandertour, was auch immer… Du bist nicht alleine, eine Begleitung ist auch dabei. Dieses Szenario bietet ausreichend Sprengstoff und hat nicht selten dazu geführt, dass Freundschaften oder Beziehungen in die Brüche gingen, ja sogar Feindschaften entstanden sind. Der Sozius, er kann einfach nicht die Klappe halten.

Der Beifahrer

Wer hat es nicht schon mal erlebt,
dass der Sozius danach strebt,
bei einer Autofahrt zu zweit,
man ihn in kleine Stücke reißt.

Da ist man grade losgefahren,
fängt der Depp schon an zu fragen:
„Wann kommt der nächste Rastplatz, wann??
Hab riesengroß Harnblasendrang!"

Die Entleerung abgeschlossen,
wird über den Asphalt geschossen.
Linke Spur, Bleifuß voraus,
doch da geht los der große Graus.

„Fahr langsamer, mehr Abstand bitte!"
Bei meiner Hand regt sich die Mitte…
Und Stinkefinger hebt sich prall,
der Sozius schaut nun wie Karl Dall.

Nun gut, er hält jetzt erst mal dicht,
noch mehr Gelaber ertrag ich nicht.
Doch da! Ich glaub ich bring ihn um,
kaut laut auf einer Möhre rum.

KNACK, KNACK, SCHNIRPSEL, KNACK!
Ich hau ihm gleich die Rübe ab.
Der soll nun endlich Ruhe geben
und navigieren, die Landkart lesen.

„Da hätten wir eben ab gemusst!"
So langsam bekomm ich richtig Frust.
„Wenn du nicht so krass schnell gerast,
hätten wir die Ausfahrt nicht verpasst."
Jetzt reicht's! Ich ertrag es nicht, das Motzen.
Seitenstreifen, denn ich muss kotzen.
Ab heute fahr ich nur noch alleine,
Aggressionen gibt's dann keine.

So setz ich ihn nächste Tankstell aus,
die Nervensäg find' schon nach Haus.
Ich kann nun endlich Mucke hören,
laut zu Heavy Metal grölen.

Mein neues Auto, ist kein Witz,
hat beifahrerseitig nen Schleudersitz.
Fahre gerne bei mir mit,
doch red dann keinen Bullen-Shit.

(Die Drehzahl bis in den Roten tretend,
Manfred der Rennfahrer)

Wir schreiben das Jahr 2016. Es ist Sommer. Überall sieht man Menschen mit ihren Smartphones im Anschlag herumlaufen, über Mauern und Zäune klettern und ungeachtet des Verkehrs über die Straße rennend. An manchen Stellen bilden sich Menschentrauben. Bis spät in die Nacht sitzen sie vor Kirchen, Feuerwehrstationen und anderen speziellen Gebäuden, solange, bis die Polizei kommt und ihnen wegen Ruhestörung Platzverweise erteilt. WTF? Was ist denn hier passiert?

Der Pokémon Trainer

Einst, war er ein Stubenhocker,
ein Kellerkind, Konsolenzocker.
Bleich wie eine Geisha im Gesicht,
soziales interessiert ihn nicht.

Nintendo hat es nun geschafft,
dass er sich größte Mühe macht,
zu jagen buntes Pixel-Vieh,
der Wahnsinn ist so groß wie nie.

Überall sieht man nun huschen,
die Bleichgestalten die versuchen,
möglichst viele Kreaturen,
zu fangen, sind auf ihren Spuren.

Sammelt ein die Pokébälle,
wenn Vaporeon spwaned, sei zur Stelle!
Glutexo, Pummeluff und Bisasam,
du musst an alle Viecher ran.

Das fette Kind wird endlich schlank,
es ist außer Rand und Band.
Draußen gibt es auch ne Welt,
die durch Pokémon nun auch gefällt.

Tja so ist der Mensch nun eben,
man muss ihm was zu spielen geben,
mutiert er zu geistloser Hülle,
Wahnsinn entsteht in reicher Fülle.

Drum geb fein acht mein guter Freund,
der du da durch die Gegend streunst…
Geh weise um mit deiner Sucht,
denn sie trägt verfault Frucht.

Du vergisst alles um dich herum,
wirst kognitiv stumpf und langsam dumm.
Drum spiele nicht nur Pokémon GO,
auch Dark Souls, Doom und Guitar Hero Pro!!!!

(Das war mal wieder ein Schuss in den Ofen,

Team Rocket)

Neulich warst Du auf dem Amt. Irgendein Formular oder Passierschein a38 muss ausgefüllt werden. Du wartest. Und Wartest. Und wartest. Ist denn keiner zuständig? Hier und jetzt erfährst Du, warum das Warten für Dich nur eine kleine Pein im Vergleich zu dem ist, was der arme Beamte ertragen muss.

Vom fleißigen Finanzbeamten Fridolin

Morgens früh, um halbe Acht,
der Fridolin vom Schlaf erwacht.
Muss nun bald zur Arbeit los,
Hemd und Socken, karierte Hos.

Weit sein Weg nicht ist zum Amt,
es liegt am anderen Straßenrand.
Nach diesem 40m Marathon,
kommt er an um 8:30 Uhr schon.

Bevor er startet den PC,
Gibt's ganz besonders leckeren Tee.
Aufbrühzeit: 17 Minuten,
ihn stört es nicht, dass Kunden rufen.

Zurück im Bürosessel dann,
schaltet er den Rechner an.
Da dieser 20 Jahr alt schon,
hat Friedolin Zeit und liest Feuilleton.

Kurz vor halb 10 ist Fridolin bereit,
vorm Schalter schon ein Kunde schreit.
Da kommt die Kollegin, ist am rufen:
„Los, komm! Es gibt Geburtstagskuchen."

Weiter kocht, vor lauter Wut,
der Kunde im Hass-Schweiß-Sud.
Fridolin lässt es sich schmecken,
denkt nicht an den Kunden-Deppen.

Und schon ist Zeit für Mittagspaus,
der Beamte holt die Brotbüchs raus.
Wurstbrot und nen Schokoriegel,
verpackt von Mutti mit viel Liebe.

Der Schalter macht bald wieder auf,
doch da geht der Computer aus.
Scheint wohl ein IT Problem,
ein Fachmann muss nun danach sehn'.

Die IT ist die Woch' fort,
wegen Schulung an nem anderen Ort.
Ach herrjeh, welch Schweinerei,
den Rest der Woch' hat Fridolin frei.

All der Stress, der arme Kerl.
Sein Arzt sagt: „Burnout! Arbeitsstopp SCHNELL!"
Drum tritt Fridolin, 39, nun die Rente an,
für den Bürger hat er viel getan!

(Schmunzelnd,
Schelm)

Es ist Fußball Europameisterschaft. Oder Weltmeisterschaft. Ist ja auch egal. Das gesellige Beisammensein mit Freunden steht im Vordergrund. Natürlich gibt es auch reichlich Bier...

Das Fußballspiel

Der Fan und seine ganze Meute,
sind aufgeregt am Spieltag heute.
Nordirland ist ein zäher Klee,
haben alle Mumm im Tee.

Doch die Fans, sie feuern an,
jeder grölt so laut er kann!
Bier in den Kopp, Flagg' in die Höh',
ja so ein Fußballspiel ist schee.

Zur Halbzeit sind schon alle knülle,
Fankonkubinen verlieren Hülle.
Da äst das Auge, fliegt die Kuh,
die Damen stehen gut im Schuh.

Zweite Halbzeit, langer Ball,
der Schuss geht an die Latte: KNALL!
Kopfball, Grätsche, Übersteiger,
sie laufen unerbittlich weiter.

Letzt Minüt, ja das wird knapp,
den Gegner setzen wir schachmatt.
Dem Fußballfan fliegt schon der Hut,
das Bier, das tut ihm gar nicht gut.

So verpasst er, ungewollt,
den Siegtreffer von Schwarz-Rot-Gold.
Denn das Bier lässt keine Ruh,
so kotzt er sich selbst auf die Schuh!

Fußballfreund, so merke dir,
sei achtsam mit dem guten Bier.
Trinke nicht zu viel davon,
sonst wird es dir zum Hals rauskomm'.

(Das Bier ablehnend,
Fahrer)

Hast Du auch einen Freund, oder wahrscheinlicher eine Freundin, die dazu neigt in gewissen Situationen auszurasten und in Rage versetzt alles und jeden niederzumachen? Und ist der beste Weg diese Person zu besänftigen eine süßliche Opfergabe?

Der Rüpel

Gepeitscht von destruktivem Trieb,
der Puppe er den Kopf abzieht.
Mit lodernd Flamme er da hetzt,
Mensch und Tier in Angst versetzt.

Kratzt und beißt,
Unglück verheißt.
Schlägerei und Aggression,
das nächste Opfer greift er schon.

Die Geschundenen gewunden,
haben sich damit abgefunden.
Blaues Auge, Bein gebrochen,
es wird also nur noch gekrochen.

Eines schönen Tages dann,
kam einer mit Schokolade an.
Hielt sie keck dem Rüpel hin,
direkt unters Schandmaulkinn.

Und die Schokolade schmeckte!
Wut und Gram in ihm verreckte.
Wir lernen also aus den Zeilen:
Mit Leckereien lässt sich gut weilen.

(Den Cacao rührend,
Theo Broma)

Die warme Jahreszeit zieht ein. Die Leute fahren an den See. Du freust Dich auf das Wochenende, denn man ganz den ganzen Tag draußen verbringen und abends in illusterer Runde grillen. Doch dies birgt Gefahren! Achte darauf, dass Du nicht wie das Steak auf dem Grill endest, welches vergessen wurde.

Der Sonnenbrand

Schaut man am Tage gen Himmel hoch,
erblickt man einen Ball, gelb-feurig rot.
Dieser spendet Wärme und Licht
Und ohne ihn gäbs den Tage nicht.

Der Feuerball aus Gas, er strahlt,
wird von Kindern gern mit Gesicht gemalt.
Versorgt mit Lichtes Energie,
Pflanzen, Mensch und auch das Vieh.

Doch trotz der wohlig warmen Aura,
hört jäh auf der traumhaft Zauber,
wenn man die Sonnencreme schmäht
und auf dem Kopf kein Hütchen trägt.

So merkt man erst nicht was geschieht,
bis die Haut dann spannt und zieht.
Da! Sie wird schon rot, fängt an zu jucken,
brennt und fällt dann ab wie Schuppen.

Tja, wer nicht hören will muss fühlen,
deshalb, bevor du raus gehst spielen:
trage auf die Hautlotion,
sonst wirst Du Opfer vom Ozon.

(Im Strandurlaub morgens weiß, mittags rot, abends blau,
Engländer)

Das Wochenende wurde durchgezecht. Du bist noch recht benebelt, der Kopf brummt und die Hitze trägt dazu bei, dass die verschwommene Sicht noch verschwommener ist. Aber wer feiern kann, kann auch arbeiten! Ach hör mir auf…

Kann nicht mehr gehn, kann nicht mehr stehn

Montagfrüh: Der Wecker schreit.
Der Morgenmuffel Galle speit.
Vom Wochenende noch geschunden,
qualvoll aus dem Bett gewunden.

Kalte Dusche und Kaffee,
stößt am Türrahmen sich den Zeh,
regt sich auf, schreit rum, macht Krach,
ist immer noch nicht richtig wach.

Und nun in den Anzug rein,
denn heut wird ein Meeting sein,
mit wichtigen Geschäftsgenossen,
da wird richtig Blut vergossen.

Doch wies so ist in Tölpels Leben,
fließt der zweite Kaff daneben,
versaut das schöne weiße Hemd
und ist so heiß… es brennt, es brennt.

Egal, er knöpft das Sakko zu,
der Kaffeefleck gibt somit Ruh,
doch ist die Klima heut kaputt,
bei 30 Grad, da läuft die Supp.

Meetings, Termine und Kick-Off,
der Arme wünscht, er wär besoff,
dann würde er vielleicht ertragen,
des Vorgesetzten Hasstriaden.

„Bilanz, Abschreibung, schlechte Zahlen,
mit Kompetenz könnt ihr nicht prahlen!"
Mit diesem Lob geht's heute heim,
die Arbeit war heut eine Pein.

Zuhause will er nur noch Ruh,
Tür abgesperrt und Fenster zu.
Und plötzlich fällt es ihm dann ein:
Das kann ja nur ein Montag sein.

(Den Müllsack zum Platzen bringend,
Montagsmaler)

Wieder ist Sommer und wie gewohnt wird man zugemüllt mit den allerneuesten Diät-Trends. Die Mädchen tauschen sich über ihre Erfahrungen verschiedener Abmagerungsmethoden aus und wie man am schnellsten den begehrten „Thigh-Gap" bekommt (eine Lücke zwischen den Oberschenkeln... kein Witz!). Dein einziger Gedankengang: „Äh?!"

Der Sommer kommt

Wir haben nun schon Mitte April,
mehrfach wurde benutzt der Grill.
Kurze Hose wird getragen,
verbannt der Pulli mit Rollkragen.

Doch was ist das? Das T-Shirt hängt,
ganz ungewohnt, denn gewöhnlich klemmt
man es doch in die Hose rein,
doch diesmal scheint's zu kurz zu sein.

Das Seitenprofil zeigt ohne Pardon,
den prallen Schnitzel-Bier-Ballon.
Das T-Shirt deshalb kräftig spannt,
der Hosenbund voll bis zum Rand.

Ach herrjeh, was macht man jetzt?
Wie kann das Fett ganz schnell zersetzt?
„Kein Problem" sagt die BRIGITTE,
Fat-Burn-Diät macht Dich zur Schnitte!

Den ganzen Tag Obst und Gemüse,
bunt und saftig, wie ne Wiese.
Ohne Kraft und ungesund,
wirst du schnell dürr mit Muskelschwund.

Ich sag's Dir: Das ist Riesenkack,
mach lieber Sport und iss dich satt!
Und ist der Magen richtig voll,
ist das Leben zweimal so toll.

(Prost,
Pierre Pastis)

Wieder zurück am Arbeitsplatz. Du bist mit den täglichen Routinen vertraut, es läuft. Doch kommt es immer wieder zu Unklarheiten, weil irgend so ein Depp mal wieder eine neue Excel Tabelle erstellt hat, die es eigentlich schon gibt. Der Datenmüll wird immer größer und So langsam hast Du die Schnauze voll, doch da erreicht Dich frohe Kunde:

Die Datenbank

Wenn Du kommst auf Arbeit an,
bist Du voller Tatendrang.
Die Sinne scharf, voll Motivation.
Los geht es mit dem Jour Fixe schon.

Nach der morgendlichen Hatz,
zurück schnell an den Arbeitsplatz.
Termine einstellen, Emails checken
Und kurz durch all die News-Feeds zappen.

Doch da! Oh Nein, wie kann das sein?
Da kam so eine Email rein…
Mit einem „!" ganz feuerrot,
bedeutet: Wichtigkeit ist HOCH.

Tja du weißt nun ganz genau,
wenn ich in die Mail reinschau:
„Prozess", „Effizienz", soweit das Auge schaut,
und schon ist Dir der Tag versaut.

Doch diese Mail enthält ne Kunde,
die davor schon machte Runde,
durch den Flurfunk ewig lang:
Es kommt nun eine Datenbank!

Und Du denkst: „Du meine Fresse,
sind die denn total besessen,
nach nun über 20 Jahren,
will man moderne Züge fahren."

Die ewigen Studenten bellen:
„NEIN! NICHT! BIN GLÜCKLICH MIT EXCEL TA-
BELLEN!
Datenbanken, und neue Systeme,
das bringt doch alles nur Probleme!"

Für alles ein zentrales Tool,
das klingt doch erst mal super cool,
doch ehe man sich da versieht,
heißt es: „Ist zu kompliziert".

So möcht' ich Dir die Scheu heut nehmen,
vor neuen Datenbanksystemen
und erklären bündig, kurz,
wie so ein Ding nun eigentlich funzt.

In die Datenbank kommt rein:
Info, egal ob groß oder klein.
Man nennt das Ding dann Datensatz,
ein PC hat damit Spaß.

Der Datensatz wird referenziert,
ihm wird also ein Key spendiert.
Mit diesem Schlüssel kommt man dann
super schnell an die Info ran.

Es kann auch nichts verloren gehen,
auch wenn mal Chaoswinde wehen.
Alles nachvollziehbar dokumentiert,
mecker nicht, bevor Du's nicht probiert.

Und noch ne Sache zur Datenbank:
Sie macht alles gertenschlank.
Auch wenn Du mal nen Bockmist baust,
die Datenbank bügelt es aus.

Da tritt ein Kollege in das Zimmer,
„ES MUSS SCHNELL GEHEN!" So wie immer…
Also los, ran an die Kiste,
am besten machen wir dafür … ne neue EXCEL LISTE!

(Den Excel-Gott anbetend,
Listen Luder)

Juhuuu!! Endlich ist Mittagspause. Der PC wird gesperrt und vom Hunger angetrieben vergisst man innerhalb weniger Sekunden, warum man eigentlich auf der Arbeit ist. Es zählt nur noch die Befüllung des brummenden Magens. In der Nähe hat ein neuer Italiener aufgemacht, die Speisekarte sieht super aus und die Preise sind moderat. Nichts wie hin!

Der Stinkestift

Knoblauchbaguette du geile Schnitte,
wenn ich dich seh', vergiss die Sitte!
Ich ess dich auf, von vorn bis hinten,
ich will so richtig garstig stinken!

Zurück im Büro, Duft im Gepäck,
der Kollege sogleich verreckt.
Im Flur da stürmt ein Knollentief,
jeder erstinkt im Knobi-Mief.

Bloß der Übeltäter ganz allein,
freut sich, dieses alte Schwein,
denn wer Knoblauch hat im Blut,
dem geht es selbst sehr wohlig gut!

(Zwiebelsuppe schlürfend,
Zoltan die Zehe)

Es gibt solche und solche Menschen. Manche sind glücklich in ihrem kleinen Mikrokosmos und weniger daran interessiert, was um sie herum passiert. Andere wiederum haben den Drang zu verstehen, zu entdecken und ihren Horizont zu erweitern. Zu welcher Sorte Mensch gehörst Du?

Von Waldbeeren und Dosenfrüchten

Im Wald gedeihen, wild und bunt,
Beeren, lecker und gesund!
Fruchtig, zart, voller Vitamine,
süß wie das Gut der frommen Biene.

Doch sollst nicht unbedacht du naschen,
vorher muss man die Früchte waschen!
Denn hat ein Waldtier sie benetzt,
kann es sein, dass du verreckst.

Alternativ kommt aus der Dose,
Birne, Ananas und Aprikose.
Schwimmen in steriler Brüh,
aus Glukos und viel Chemie.

Die Wand der Dose ohne Sicht,
drum sieht die Frucht das Außen nicht.
Kann vom Walde so nichts wissen,
und ihn somit auch nicht vermissen.

Wähle nun dein Früchtchen aus,
ohne zu denken, aus dem Bauch:
Wer von beiden willst du sein:
Dosenkompott oder Waldfrüchtlein.

(Smoothie saufend,
Sam die Saftpresse)

Die Temperaturen werden langsam kälter. Du kramst deine Schals und die dickere Jacke hervor. Der Herbst macht sich breit. Der Wind weht kalt und die Eröffnung der Karnevalssaison steht auch bald vor der Tür. Lass uns Drachen steigen lassen!

Der Wind

Der Wind, so stark,
ein Sturm,
voll Zurrrrn,
draußen ist es gar so trübe,
Depression zieht in die Rübe.

Der Himmel heute dunkelgrau,
fast wie eine geschmähte Frau.
Und ebenso mit schierer Wut,
obacht! …und halt fest den Hut!

Narren können drauß nicht feiern,
müssen in der Stube reiern,
bunt Gemetzel im Gemach,
Fastnacht ist nun echt am … Ende und so sprach
der Weise Zauberer mit Bart:
„Da stimmt was nicht, riecht nach Verrat!"

Hoch und Tief ward so vertauscht,
sodass die Fronten aufgebauscht
und nun klafft ein groß Gefälle,
der Wind, ja er wird immer schneller…

Die Tür geht auf,
der Sturm zieht ein,
drum sag ich dir:
komm lass es sein!

Wir, wir machen alles richtig,
machen das, was wirklich wichtig,
erhöhen unser Kampfgewicht,
damit uns weht der Wind weg nicht!

Alles rein! Wurst und Krume,
Sellerie und Butterblume,
Fisch und Schnitzel, wunderbar,
Zwiebelkuchen und Tatar.

So vermag uns keine Böh,
zu entheben in die Höh!
Nein, wir sind voll gar bis zum Rande,
Die Herbsttagsfeier-Rasselbande.

(Den Drachen steigen lassend,
King Kite)

Nach dem Herbst folgt unweigerlich der Winter. Der Schnee bedeckt das Land und draußen herrscht Eiseskälte. Man fährt Ski, Schlitten, baut Schneemänner und die Menschen kippen auf den Weihnachtsmärkten überteuerten Glühwein in den Schlund... weil man das eben so macht. Ich habe hier eine Alternative, wie Du Dir diese Zeit versüßen kannst:

Der Schnee

Wasser sei heut unser Gast,
bei 4°C Du Deine höchste Dichte hast.
Und fällt dann unter Null das Grad,
veränderst du das Aggregat.

Kristallin wird die Struktur,
segelst durch des Himmels Flur,
tauchst in Weiß der Erde Boden
und so manch einem friert der Hoden.

Die Mädchen schreien: Mensch ist das kalt,
Rotz fließt aus der Nase bald.
Grippe, Fieber, grüner Schleim,
ein infiziös Beisammensein!

Beim Eiskratzen fallen die Finger ab,
da wird auch blau der Nagellack.
Den Kopf zieh ein in Deine Jacke,
Krampfadern drohen dir auf der Backe!

Am besten hilft hier heißer Tee,
ganz viel und dann piss weg den Schnee!
Und aus den Resten forme fein,
lauter gelbe Bällchen klein.

Diese werfe nach Gutdünken,
auf Leute die dir total stünken.
Ins Gesicht und auf die Nas,
ja so macht der Schnee viel Spaß!

(Der Eisprinzessin die Schlittschuhe klauend,
Frau Holle)

Heute Abend gehst Du auf eine Fete. Der Mensch Deiner Begierde ist auch zugegen. Ihr kommt Euch näher und mit genug Caipirinha geht es dann auf den Rücksitz des Autos. Eine Liebesgeschichte!

Oh liebst Limett

Oh liebst Limett,
du warst so nett,
damals als wir im Kadett,
der uns als Ersatz fürs Bett,
rauften, rieben, ganz kokett,
und zum wackeln brachten fett
das Auto, oh meine liebst Limett.

Drum rate ich ein jedem Mann,
lege ein den größten Gang,
Motor aus und Schlüssel raus,
denn Caipi is ne heiße Maus.

(Die Fensterscheiben zum beschlagen bringend,
Kate & Leo)

Kennst Du jemanden der sich hauptsächlich vom Fernseh-
brot ernährt? Jemanden der glaubt, dass Richter-Sendungen
live aufgenommen werden und der mit seinem fundierten
Fachwissen über Management Themen prahlt, weil er „Die
Höhle der Löwen" schaut?

Die Couchkartoffel

Die Arbeit nur im Wege steht,
bei ihr die Zeit so lahm vergeht.
Lieber ist man doch daheim
und zieht sich sinnlos Fernsehn rein.

Zuhause! Jetzt geht's endlich los,
schnell rein noch in die Jogginghos.
Tüte Chips und Sixer Bier,
fürn Hüftspeck, Alter! Läuft bei dir!

Zipp Zapp, der Bauer sucht ne Frau,
Problem, denn er ist nicht sehr schlau.
Und sie ist geil nur auf sein Geld,
ob da das Glück so lange hält?

Weiter, Leute wandern aus,
in ferne Länder, weit von Zuhaus.
Dort werden sie dann Millionär
und sprechen fortan nur noch vulgär.

Beim Kochduell wird Mist gegessen,
in Spielshows nur die gleichen Fressen,
die Cs und Ds der Promiaffen,
und die Couch-Kartoffeln gaffen.

Doch, das macht den Mensch nicht dumm,
er schaltet zwischendurch dann um
zu den Nachrichten, ist doch klar,
dem Gewissen geht's nun wunderbar.

Der Mattscheiben-Burger Konsument,
auf dem Sessel fast einpennt.
Die Chips gegessen, das Bier ist alle,
Hopp! Dann geht's nun in die Falle.

Mitternacht, in die Federn schnell,
denn morgens um 6 rappelt ganz grell
der Wecker um zu zeigen bloß:
der Wahnsinn geht von vorne los!

(Die Kartoffel schälend,
Severin Sparschäler)

Bist Du schon einmal in einem nagelneuen Auto gefahren?
So eins mit allem Pipapo. Alles automatisch. Sensor hier,
Automatik da und dazu noch eine Massagefunktion im Sitz
integriert. Das lässt nun wirklich keine Wünsche offen.

Der Grenznutzen einer Fahrmaschine

Einst, als Mensch durch Land und Schilf
Gereist, nahm er sich Tier zur Hilf,
um lange Stecke zu überwinden,
bis er oder Vieh begann zu hinken.

Es musste andre Lösung her,
so reisen wollt der Mensch nicht mehr.
Da wandelte ihn ein Einfall an,
so band ans Vieh er Wagen an.

Dies Gefährt war Grundstein nun,
für ein sehr bestrebend Tun,
die Fortbewegung zu optimieren,
mit Technik und nicht mehr mit Tieren.

So wurd bald eingebaut in eine Kutsch,
ein Kessel der mit Dampfes Druck,
über mechanisch Räderwerk das Rad
antrieb zur ersten Autofahrt.

Erfindergeist und viele Mühen,
ließen jene Industrie schnell blühen.
FORD, OPEL, Porsche, VW, Benz,
erlebten gemeinsam ihren Lenz.

Als dann das Fließband wurd geschaffen,
konnt' man das Auto billig machen.
Und so wurden schon bald befahren,
Straßen mit allerlei Automarken.

Nach vielen der Dekaden nun,
erlebt das E-Auto wieder Boom.
Erstmals 1896 ein solches fuhr,
fahrn sie nun wieder, länger nur.

Alles automatisch, der Fahrer muss nicht denken,
das Auto kann alleine lenken.
Der Sitz massiert und wärmt den Arsch,
Luxus pur bei jeder Fahrt.

Raumschiffgleich und auch so schnell,
des Fahrers Herz erblühet, gell?
Überall der Mensch heut fährt,
das Laufen hat er fast verlernt.

Tja, da steht er nun um Stau,
geht nicht mehr weiter, arme Sau.
Nutzungsstopp hier für den Wagen,
da freut sich der mit Wanderwaden!

(Die Schnürsenkel schnürend,
Wolverine der Waldläufer)

Als Mittagspause oder „MiPa" kaschiert, versuchen manche schon zur Mittagsstunde beginnenden Geschäftsessen ihren wahren Charakter eines großen Gelages zu verschleiern. Der Vertrag ist unter Dach und Fach, alles erste Sahne! Nur der Hausdrache, der muss natürlich wieder meckern…

Mandy MiPa

Out of Otter,
wie ein Flodder.
Fischpanade ölig trieft
und der Butt zum Himmel mieft.

Mandy schreit: „Du alte Sau!
Stinkst nach Fisch, bist ständig blau!"
Verständnislos sag ich ihr dann:
„MiPa ist nur für den Mann!"

(Dem Kunden billigen Wein kredenzend,
Geschäftsmann)

Konzerte sind geil! Festivals sind noch besser! Schwitzende Leiber die sich aneinander reiben und lautstark die Refrains ihrer Lieblingsbands mitsingen. Rocker und Metaler sind liebevolle Menschen. Sie benötigen keine Bling-Bling-Kettchen um zu gefallen, ihnen reicht Schlamm und Bier.

Das Orchester

Trompete, Horn und Klarinett,
das Ensemble klingt ganz nett.
Doppelbass und Stromgitarre,
die Musikanten lassens krachen.

Am Mikro sing und fällt vom Hocker,
röhrend, knatternd, der Joe Cocker.
Ist wie 10 Matrosen voll,
das Publikum findet's echt toll.

Orgelpfeiffe, Saxophon,
die Bigband trifft heut keinen Ton.
Der Dirigent ist hier kein Lenker,
sondern wird vor Zorn zum Henker.

Sousaphon und Englischhorn
sind dem Ohre auch ein Dorn,
denn der Klangteppich verfranst
und das ganze Stück verranzt.

Doch da! Gequälte, schaut empor,
es öffnet sich das Himmelstor.
Es fährt hinab ein Götterreigen,
um zu streichen feine Geigen.

Es kündigt an der Engelschor:
Iron Maiden & Manowar!
Die Groupies sind ganz außer Haus,
schmeißen Schlüpfer, ziehn' sich aus.

Metal hat die Welt gerettet
und Musikbanausen angekettet.
Nehmt in Empfang den heilig Klang
Und hört Euch bloß keinen Hip-Hop an!

(Die Gitarrensaiten maltretierend,
Michael Angelo)

Der Akt des Einkaufens ist für manche Leute ein seelig Zeitvertreib. Du gehst in Ruhe durch die Verkaufsreihen, studierst die Angebote und die Aufdrucke der Artikel. Die Menschen denen Du begegnest sind freundlich und an der Kasse hält man gerne einen Plausch mit den dort Wartenden....

Der Supermarkt

Man bin ich heut so genervt,
im Kühlschrank reines Brachland herrscht.
So muss ich also zum Einkaufen,
Essen, Kleinkram und was zu saufen.

Also geht's zur Konsumgutstätte,
ich löse den Wagen von seiner Kette,
betrete die Bude und los geht die Reise
durch Sonderartikel und Rabattaktions-Preise.

Am Flaschenrückgabe-Automat,
haben sich Schmutz und Gestank gepaart.
Ich hol den Einkaufszettel raus,
damit ich nur kauf was ich auch brauch...

Müsli, Wein und Schokolade,
Brot, Waschmittel, Limonade,
Käse, Wurst und frisch Gemüse,
für die heimische Kombüse.

Im zweiten Gang, da schreit ein Kind.
Die Mutter mit tadelnd Finger winkt:
„Hör auf zu schrein, sonst gehen wir heim!"
Das Kind ihr ist ein Klotz am Bein.

An der Obsttheke, so ne Sau,
steht ne junge Rastafrau,
die sich eben noch die Nase putz
und nun mit den Fingern das Obst verwutzt!

Der Wagen wird gar immer voller,
die Angebote immer toller.
Doch nun ist gut, das reicht nun echt,
der Wagen unter der Last schon krächzt.

Nun die Königsdisziplin,
es geht auf zur Kasse hin.
Dort stehen schon genervte Leute,
Kassendienst: Azubis heute.

Falsches Preisschild, böser Kunde,
Salz in des Azubis Wunde.
„Frau Müller, Kasse 1," er schreit,
der Kunde zur Gewalt bereit.

Doch mit Frau Müller Rettung naht,
sie verhindert den Eklat.
Die Expertise hat sie, klar!
Sie arbeitet hier schon 20 Jahr.

Da bin ich nun endlich dran,
lade ein, so schnell ich kann.
Nun erfolgt der Letzte Schritt,
Zahlung mit der Card-Kredit.

Die Frau Müller schaut mich an:
„Tut mir sehr leid junger Mann.
Die Technik streikt heut, leider wahr,
Zahlung geht heut nur in bar."

Ich hab heut kein Bargeld dabei
Und raste aus, schrei: „Schweinerei!"
Den Wagen ich also stehen lasse,
weiß nun wieder warum ich's Einkaufen hasse!

(Das Personal scheuchend,
Filialleiter)

Vom Essen, dessen Zubereitung und Verzehr

Da wir Energie zum Leben benötigen, müssen wir essen. Je nach Tagesbedarf variiert die zugeführte Menge. Dies ist jedoch eine sehr karge Betrachtung einer Tätigkeit, lieber Leser, der wir so viel Zeit in unserem Leben Widmen. Deshalb möchte ich Dir nun auch zeigen, was in unserem Kopf vorgeht, wenn wir an Essen denken, welch lebhaften Treiben tatsächlich in einem Kühlschrank herrscht und wie man mit so einem blöden Veggi-Tag in der Kantine umgeht, wenn man doch so gerne Wurst mag.

Kennst Du einen Kalorienzähler? Ich meine jetzt keinen Apparat oder eine Maschine, sondern einen Menschen. Einer der hier ein Äpfelchen knabbert und sich hin und wieder so eine Puffreisbrot-Pappkarton-Scheibe „gönnt". Auf Deinem Geburtstag fragt er dich „Was issn da drin?"... und zwar bei jedem einzelnen der 23 Salate! Du denkst Dir so: „Herrgott, sprich zu mir, was soll ich tun?" Und der liebe Gott antwortet:

Der Seraphim

Die Himmelspforte öffnet sich,
doch keine Angst vorm Sonnenstich,
es handelt sich um ein Portal,
scheint wie einst der heilige Gral.

Durch das Loch steigt auf sechs Schwingen,
ein Seraphim, die Engel singen,
hält in der Hand auf Pergament
das Tagesmenü, der Grill schon brennt.

Speise fein und Trank dabei,
geladen ist zur Völlerei.
So tut der Seraphim Euch Allen kund:
Fresst, dann wird der Bauch schön rund!

(Gaumenschmaus genießend,
Gourmet Glouton)

Hmmmmm… wie duftet es so fein in der Bäckerei. Da bekommt man gleich Gelüste. Am liebsten würdest Du Dich durch all die Leckereien futtern, bis nichts mehr reinpasst in den Schlund und danach ein Nickerchen machen. Wie herrlich doch diese Vorstellung ist.

Der Kuchen

Du süßeste von allen Speisen,
lass uns gemeinsam doch verreisen.
In die Welt von Zuckerguss,
reizvoll wie ein lieblich Kuss.

Gemeinsam reiten wir karamell,
über die Donauwellen schnell,
auf zückernem Rumpfe durch die Glasur,
bunt über die Streusel, von Farben ganz pur.

Die Buttercreme umgarnt den Gaumen,
das Buscuit: garniert mit Pflaumen.
Puddingtasche, Käsekuchen,
da lass ich mich nicht zwei Mal rufen!

Man möchte sich die Finger lecken
und baden fein im Sahnebecken.
Diese Gesellschaft…so liebsam nett,
doch gib acht! Sonst wirst du fett!

(Die ungesunden Kohlenhydrate verehrend,
Zenobius Zucker)

Hattest Du schon mal einen geistigen Durchhänger? Blockade in der Denkstube, Du kannst Dich nicht mehr konzentrieren und die Kreativität ist gänzlich in einer trüben Suppe aus Müdigkeit und Lustlosigkeit versunken. Es gibt da allerdings eine Substanz, die Dich wieder pushed! Geiler Shit sag ich Dir.

Von beflügelnden Substanzen

Wer kennt es nicht, das Gramgefühl,
wenn man gar nichts machen will.
Keine Arbeit, will sehn kei' Sau,
auf der Neuroautobahn ist Stau.

„Was tun?" Fragt der Lustlose müd,
er sich ohne Antrieb fühlt.
„Wohin, was tun, ich mag mei' Ruh,
mir fallen gleich die Augen zu."

Doch es gibt für matte Geister,
ein erregend, opiaten Kleister…
Wird gewonnen aus der Pflanze,
bringt das Hirn zu altem Glanze!

In mannigfaltig Darreichungsform,
kennt seine Macht gar keine Norm.
Konsum des Stoffes macht schnell süchtig,
doch bei dieser Wirkung ist das nichtig.

Oral verklappt schnellt die Essenz,
in die Blutbahn und der Lenz
des fatiguen Geistes kalbt
erneut und blühet auf sehr bald!

Der Geschmack manchmal ist bitter,
doch im Gehirn ein Blitzgewitter.
Die Amygdala im Wahn genial,
erregt ein jedes Hirn-Areal.

Der Kreative ist zurück,
voll Energie und voller Glück.
So schreitet er zu neuer Tat,
ekstatisch durch die SCHOKOLAD!

(Neue Hilfsarbeiter akquirierend,
Charlie von der Schokoladenfabrik)

„Wenn die Schwimmbäder öffnen, muss man in Form sein!"
Das besagt zumindest eine mir nicht ganz schlüssige, gesell-
schaftliche Konvention. Nun bist Du aber gerade mit leerem
Magen einkaufen gewesen und der Kühlschrank ist voll bis
obenhin. Du kannst das doch jetzt nicht alles vergammeln
lassen!

Der Kühlschrank

In der Küche steht ein Schrank,
drum herum mit dicker Wand,
um zu kühlen all die Sachen,
die man braucht zum Essen machen.

Die Tür geht auf, ich schau hinein,
doch was erblickt mein Äugelein:
In der Kühlbox reges Treiben,
vom Gemüs bis zu Wurstscheiben.

Oben stehn die lustigen Eier,
sind den ganzen Tag lang heiter,
und nebendran, ja auch ganz jeck,
der gute alte, leckere Speck.

Weiter hinten unter Glases Glock,
die Familie Käse hockt:
Vater Gouda, Mutter Schimmel
und Camembert der kleine Lümmel.

Gleich nebenan da steht die Wurst,
Bier ist auch da für den Durst.
Die Kühleinheit macht ständig BRUMM,
der Jogurt tanz heut rechts herum.

Pflaumenmus und Marmelade,
spielen eine bunt Ballade,
mit den Trauben und dem Saft,
der Räucherlachs laut Beifall klatscht.

Schmand und Sahne sind schon cremig,
wollen in die Soße nämlich,
mit dem mageren Rindsfilet,
dort neben dem Erdbeersorbet.

„Oh Gott, wer soll das alles essen?
Da müsst ich fressen, wie besessen,
und bald das Schwimmbad macht ja auf,
da seh ich aus wie elend Hauf!"

Doch warte, Sei kein Narr, kein Tor,
denn Sicherheit geht immer vor!
So hat der Mensch durch Völlerei,
stets seinen Rettungsring dabei!

(Diäten verabscheuend,
Marvin Müllschlucker)

Es steht eine Familienfeier oder ein runder Geburtstag an. Es werden unendlich viele leckere Speisen kredenzt. Alles sieht so verdammt lecker aus. Fest steht, dass alles probiert werden muss! Du übernimmst Dich und schaufelst alles in Dich hinein und am Ende denkst Du Dir: „Oh Gott! Aaaaahh! Nie wieder werde ich so viel auf einmal essen!"

Über das Ziel hinaus

Zungenschmeichler und Gaumenwunder,
dazu nen leckeren Weißburgunder.
Der Braten frisch, gern auch Fisch,
Kirschkompott für nach dem Tisch.

Da tut sich auf der Höllen Schlund,
heraus dort springt ein dreiköpfig Hund.
Egal, wir ham dann schon gegessen,
soll das Vieh uns ruhig auffressen.

(Das letzte Pfefferminz naschend,
Kurt Kugelrund)

Du magst Schnitzel, Steak und Bratwurst? Dann ist so ein Veggi-Tag in der Kantine ja genau das richtige für Dich… nicht! Schon morgens zerbrichst Du Dir den Kopf darüber, wie Du das nur durchstehen kannst. Hier eine Überlebenshilfe:

Der Veggi Tag

Veggi Tag,
es gibt kein Fleisch,
der Veggi lieber in Gräser beißt.
Schwach er so durchs Tagwerk geht,
im Darm Gemüs und Kohlsupp bläht.

Alla hopp, wir müssen durch,
ohne Angst und ohne Furcht.
Porree und Spinatomlett,
serviert wird auf dem Maistablett.

Abends dann ein fetter Braten,
mit Spare-Ribs und noch Fleischsalaten,
Würstchen, Schnitzel, Zwiebelmett,
Zufriedenheit! Dann ab ins Bett.

(Dialog aus BIO-Gemüsegrütze und Safran-Öl-Maispuffer an einem Kompott aus Kürbiskeilen und Wurzelwerk, abgeschmeckt mit Zitronen-Ingwer-Hibiskus-Schaum und einem Allerlei aus Grünzeug in Gurkenjus zubereitend, Schamane)

Da hast Du an der Fischtheke einen super tollen, frischen Fisch gekauft. Daheim wird das Ding ausgenommen und Du freust Dich schon riesig darauf die geladenen Gäste mit Deinen Kochkünsten beeindrucken zu können. Am Ende landest Du allerdings im Krankenhaus…

Der Fisch

Pisces ist sein werter Name,
wird gern gewendet in Panade.
Kommt als Filet oder am Stück,
garniert mit Soße ist er schick.

Im Ölbad in der Pfanne liegend,
wartet der Fischfreund liebend,
auf die ozeane Kost
und trinket dazu Traubenmost.

Erdknolle und bunte Garnitur,
verzieren Teller mit Glamur.
Lecker lecker, Fisch schmeckt gut,
doch Vorsicht Gräten: Erstickungstot!

(Die Gräte aus der Speiseröhre operierend,
Dr. Metzger)

Von Weisheiten und der Moral

Ich möchte hier nicht den Moralapostel spielen. Dennoch ist es ratsam, sich von Zeit zu Zeit mit der Vergangenheit zu befassen und aus ihr zu lernen. Wie behält ein Mann auch im Alter seinen Charme? Warum können wir von der Pflanzenwelt lernen, wie man ein Unternehmen im Markt strategisch richtig aufstellt? Was tun, wenn Dir ein Belgier auf der Autobahn begegnet? Und wie kann es passieren, dass ein verdammtes Kreuzfahrtschiff mit Volldampf auf einen Eisberg fährt? Diese und noch weitere Themen warten auf den nächsten Seiten auf Dich.

Das gesellschaftliche Treiben war schon immer ein Hin und Her, ein Geben und Nehmen, manchmal auch ein Ausnutzen und Ausbeuten. Gehe also sparsam mit deinen Kräften um, und behandle andere stets so, wie Du auch behandelt werden möchtest. Anwendbar auf Beziehungen, Freundschaften, geschäftliche Kontakte, usw.:

Der rüpelhafte Reiter

Hopp Hopp,
und ganz flott,
springt der Reiter aufs Galopp.
Gibt ihm Zunder,
welch ein Wunder,
wirft das Ross ihn wieder runter.

Und die Moral von der Geschicht:
Ärgere dein Pferdchen nicht!

(Auf dem Ast sitzend und daran sägend,
Holzkopf)

Du kennst Doch bestimmt ein paar von diesen alten Säcken, die mittlerweile Falten haben, die so tief sind, dass man sich darin verstecken könnte. Und dennoch kommen sie Dir irgendwie weise vor und sehr charmant. Hinzu kommt, dass sie geistig noch total fit sind! Wie zum Geier schaffen die das bloß?

Das Haus

Ein Haus, massiv und schnörkelig fein,
erbaut mit Mühe, Stein um Stein.
Glas und Putz, Mörtel und Ziegel,
oben ziert ansehnlich Giebel.

Ich frage mich: „Wer wohnt hier bloß,
Im byzantinisch Vielgeschoß?"
Man sagte mir: „Ein alter Mann,
der nicht mal Treppen gehen mehr kann."

Da ich neugierig von Natur
und von zuhause aus recht stur,
wollte ich ihn selber sehen,
den alten Mann der kaum kann gehen…

Ich steig in meine feinste Robe,
prächtig Zwirn und schicke Hose.
Schick, adrett und ordentlich,
gewährt man mir Einlass, hoffentlich.

Auf nun zu dem Herrenhaus,
„Klingeling", die Tür geht auf,
wie von Geisterhand bewegt,
ein eisig Wind entgegen weht.

Ich trete also langsam ein,
gibt nicht viel Licht, nur Kerzenschein.
Die Schatten flackern an der Wand,
da greift mich etwas an der Hand!!!

„AAAH!" Ich schreie auf vor Schreck,
und denk mir: „schnell, du musst hier weg!"
dreh mich um und staune sehr,
es ist des Hauses alter Herr!

Und nun erschließt sich mir das Bild,
wie der alte Mann gewillt,
zu leben hier so ganz alleine,
trotz der altersschwachen Beine.

Ins Haus hat er sich installiert,
ein Schienenwerk und ungeniert,
er auf ner mini-Eisenbahn rumfährt,
wie jedes Kind sie soooo begehrt!
So stört ihn auch nicht seine Gicht,
denn er ja fährt und laufet nicht.

Und dieses lehrt uns eine Sach:
Selbst wenn ein Mann durchs Alter schwach,
solange er im Kopf bleibt Kinde,
wird nur krustig seine Rinde.
Doch im Kopfe bleibt er jung,
und spukt noch lang auf Erden rum!

(Durch das Geisterhaus spukend,
Casper)

Und wieder so eine Werbung: „Investieren Sie noch heute, es winken Ihnen riesige Renditen!" Und danach das Kleingedruckte, 20 Seiten lang. Der aalglatte Bankheini (oder Privatkundenberater, wie er sich nennt) betet Dir das ABC seiner letzten Vertriebsschulung herunter und hat schon die fette Provision vor Augen die ihm winkt, wenn Du diesen Vertrag unterschreibst.

Eine Bootsfahrt

Im Hafen liegt an festem Tau,
ein stolzer Kahn, marineblau.
Drei der Maste, Segel empor,
der Wind treibt dieses Prachtstück vor.

Der Kapitän: Ein Hinkebein,
nennt Augenklapp und Haken sein.
Auf der Schulter sitzt Karl-May,
ein bunt gefedert Papagei.

In die Wellen wird gestochen
und wegen Seekrankheit gebrochen,
Peter Pan, er putzt das Deck
während Spiderman das Segel setzt.

Wo geht hin die irre Fahrt?
Zu goldenem Schatz, 24 Karat.
Am Horizont der Reichtum lockt,
hoffend, dass man's nicht verbockt!

Doch die Reise ist voll Tücken,
Sirenen die mit Glanz entzücken,
wollen locken auf den Felsen,
um ihre Trauer zu vergelten.

Minotaurus und Zyklop,
werfen um sich stinkend Kot.
Der Kraken will das Schiff zerreißen,
die Zentauren mit den Hufen peitschen.

Doch die Mannschaft ist sich sicher:
„Wir sind keine schnöden Fischer!
Schatzsucher, da das sind wir,
um Gold zu finden, sind wir hier!"

Als Belohnung hübsche Frauen,
unverschämt hübsch anzuschauen,
die Seemanns Crew lässt sich drauf ein,
Schlangenblick, jetzt sind sie Stein!

Und die Moral von der Geschicht:
Traue keinem Monster nicht!
Besonders wenn es zwei Gesichter,
wie Janus, Chimära oder gar ein Dichter!

(Goldmünzen zählend,
Dagobert)

„Strategie" ist ein wichtiger Begriff in der Unternehmenswelt und im Finanzsektor. Oft verrennt man sich dann aber und ist nur allzu sehr mit sich selbst beschäftigt. Der Gewinn steht im Vordergrund, die Aktionäre scharren mit den Hufen und machen Druck. Dabei gerät das Marktumfeld aus dem Fokus, die Konkurrenz überholt und keiner will von den Marktentwicklungen gewusst haben: Die Politik ist schuld! Oder eben ein anderer Sündenbock.

Das Edelgrün

In der Sonne süßer Schein,
räkelt sich ein Pflänzelein.
Noch eben aus der Hülle stieß
und jetzt bestrebt gen Himmel schießt.

Die Blätter spannen sich wie Segel,
saugen auf des Lichtes Kegel.
Die Wurzeln stark und fest wie nie,
saugen das Wasser wie Succubi.

Als da kommt die Blütenzeit,
öffnen sich die Knospen weit.
Stellen zur Schau opaleszierend,
Muster und Farben präsentierend.

Die Bienchen sich am Nektar laben,
äsen bis voll ist ihr Magen.
Dabei verteilen Sie geschwind,
den Samen, brummend durch den Wind.

Doch Da! Pflanz, schau nebenan,
ein Karnivor sich siedelt an.
Hungrig und vom Fleisch besessen,
will er all die Fliegen fressen.

Aggressiv in seiner Art,
und dabei noch clever-smart,
verschlingt er all die Samenträger,
er ist ein wahrlich teuflisch Jäger.

Das zarte Pflänzlein ist voller Wut
Und schreit: „Wer trägt nun fort mein erblich Gut?"
Und ehe sich die Pflanz versieht,
ihr Lebensquell dahin versiegt.

Auch das Wasser aus dem Wurz,
verhindert nicht den tiefen Sturz.
Verwelkt sodann in tragisch Pein,
hat verwirkt ihr prächtig Sein.

Die Beobachtung lässt schließen:
Ein Blümchen muss man stets gut gießen,
doch nur Liquides, um zu leben,
ist ein fehlgeleitet Streben.

Unerlässlich, wie gesehen,
muss das Pflänzlein richtig stehen.
Positioniert mit weiser Hand,
stets beobachtend über den Vasenrand!

(Die Unternehmensberater aus dem Haus verbannend,
Gärtner)

Hast Du schon mal diesen Film „Titanic" gesehen? Diese Tragik. Und das Leid. Wie kann man nur so dämlich sein. Da kommt das Übel direkt auf einen zu und… naja, den Kinos hat der Film ja viel Geld eingebracht. Hier schildere ich Dir, was wirklich geschah…

Der Kapitän

Ein großer Mann, sein Bart schon grau,
hoch dekoriert, stellt gern zur Schau,
was er alles schon erlebt,
vom vielen Suff die Stimme bebt.

Die Uniform ist blitzeblank,
einst war er sogar mal schlank.
Auf dem Kopf trägt er die Mütze,
die allen zeigt: „Ich bin die Spitze!"

Morgens schon um halbe Fünf,
steigt der Captain in die Strümpf,
betritt den großen Steuerraum,
um nach Crew und Kurs zu schaun.

Doch da: Was zeigt uns der Sextant,
in der Richtung stark verrannt!
Erbost der Captain dreht sich um:
„Wir fahren in nen riesen Sturm!"

Die Maschinen Voll-Galopp,
der Steuermann dreht hart Backbord.
Dem Tsunami so entronnen,
doch man ist noch nicht besonnen.

Piratenschiff im Heckwasser,
der Tag heut wird ja immer krasser.
Kanonen laden, Gefechtsstation,
erst 9 Uhr und der Captain schon,
mental auf 180 Knoten.
Solche Tage gehören verboten.

Enterversuch und dann Attacke,
die Piraten bekommen auf die Backe!
Augenklapp und hölzern Bein,
die Bösewichte leidvoll schreien.

Und wieder konnte, dank Kapitätn,
die Besatzung dem Verderb entgehen.
So geht der Befehl zu Schiffes Koch:
„Das wird gefeiert, heut Abend noch!"

Am Abend wird groß aufgetischt,
Hummer und Sekt, natürlich auch Fisch!
Dazu, wie könnt es anders sein,
literweise Fuselwein.

Das Schiff rollt also immer weiter,
und die Besatzung feiert heiter.
….ganz heimlich, ohne etwas zu sagen,
sieht man in der Ferne ragen,
klein und zierlich Zuckerspitz,
sieht fast aus wie ne Zipfelmütz.

Wies weiter geht das wisst Ihr alle:
Die Zipfelmütz ne Todeskralle
aus Eis und sie ist nur die Spitze,
in den Rumpf sie macht ne Ritze.

Wasser läuft rein und alle schreien,
der Kaptitän ist voll vom Wein.
Kann keine Entscheidungen mehr treffen,
und all die Leute müssen verrecken.

Und die Moral von der Geschicht:
Sei mal überheblich nicht,
und manch Gefahr sich klug versteckt,
wird nicht auf Anhieb gleich entdeckt.
Vor allem mit betäubtem Sinn,
ist all der Ruhm ganz schnell dahin.

(Den Zeigefinger mahnend erhebend,
Klugscheißer)

So ne Zeitreise, da hätte ich ja richtig Bock drauf! Wie sieht es mit Dir aus? Du könntest Dir historische Ereignisse live ansehen und Fehler aus der Vergangenheit ausbügeln. Vielleicht kannst du auf diesem Wege sogar den Lauf der Zeit verändern, oder nicht?

Epitome einer archaischen Byzantine

Erfolgt des Kreises Quadratur,
tickt rückwärts Flugmaschines Uhr.
Und durch die Zeit ganz ohne Tücke,
reist der Mensch via Einstein-Rosen-Brücke
in die Vergangenheit und schaut,
wie die Pyramiden aufgebaut.
Dann noch einen leckeren Tee,
mit dem Imperator Julius C.
Napoleon der Corsenzwerg,
kommandiert mit Hut und Schwert.
Glückssymbol bei Kriegsgewitter,
drittes Reich, man das war bitter.
Zurück nun in die Gegenwart,
die Geschicht trägt langen Bart.
Und was der Sand der Zeit uns lehrt:
Der Mensch hat nichts dazugelernt!

(Geschichtsprofessur ablehnend,
Bill & Ted)

Jetzt wird es philosophisch! Philosophen labern immer so wirres Zeug. Oft so, dass man es überhaupt nicht versteht. Das sind Wichtigtuer und kommen sich vor, als seien Sie etwas Besseres. Vielleicht sind ihre Gedanken aber doch nicht ganz so abwegig. Es lohnt sich übrigens die komischen Wörter von den Wichtigtuern nachzuschlagen, denn oft lernt man etwas dabei und fängt an zu verstehen…

Der Philosoph

Ein redlicher, der Philosoph,
denkt über viele Dinge nach.
Kein Nihilist, nein, Philantrop,
des Belzes Bub setzt er schachmatt.

Wo die Monaden spiegelhaft,
hat er ne neue Welt erdacht.
Wagt sich vor in Geistes Tiefen,
und scharrt hervor die Apokryphen.

Längst nicht jeder weiß zu schätzen,
dieses Werk und deshalb hetzen.
Doch diese Schergen, schlicht im Kopfe,
sind Auswüchse der ärmsten Tropfe.

Ein Palimpsest der Eitelkeit,
ist des Denkers Zweisamkeit.
Ein Lakmustest der frommen Sinne,
und zeitgleich des Verderbens Spinne.

Die Zeit wird uns doch das bescheren,
was alte Schriften uns da lehren:
Wir sitzen auf dem Pulverfaß,
und wenn es hochgeht, wird's echt krass.

(Ein Semagram enthaltendes Gemälde malend,
DaVinchester)

Blödelei ist einer der tollsten Zeitvertreibe. Wenn die Leute aber älter werden, stellt sich eine gewisse Verklemmtheit bei ihnen ein. Sie können nicht mehr so lustig sein. Sie sind jetzt in einer gesellschaftlichen Rolle, bei der man stets darauf achten muss, sich korrekt und stromlinienförmig zu präsentieren. Kann man sich auf diese Leute auch verlassen? Nein! Dann erst merkst du, wer die wahren Helden sind.

Die Hofnarren

Es war einmal, vor langer Zeit,
im Königreich der Heiterkeit,
der Hofnarren drei an der Zahl.
Witz, Musik, sie warn genial.

Doch es trug sich sehr bald schon zu,
dass da eine dumme Kuh,
Hexe von Berufeswegen,
fing an nach der Macht zu streben!

Froschauge und Spinnenbein,
Ochsenskrotum, Voodoostein,
Zauberwurzel, Schlangengift,
wird zu einem Trank gemischt.

Mit dem Trank im Kaffeebecher,
sucht die Hexe einen Stecher
und der arme Prinz nicht ahnt,
was die Buckel-Berta plant.

Denn durch den feinen Zaubertrunk,
bekommt das Unbild vollen Mund,
glatte Haut und güldnes Haar,
dicke Hupen, WUNDERBAR!

Der junge Prinz erliegt dem Weib,
schon bald sie nach der Herrschaft greift.
Dem Joch der Hexe unterlegen,
das ganze Land in Qual muss leben.

Doch sie hat nicht kommen sehen,
die drei Retter, keine Feen,
sondern Hofnarren ganz fein,
mit Zipfelmütz und Strumpfhosbein!

Diese Drei ganz unverkommen,
der Hex die Perücke weggenommen,
und den Zaubertrank entwendet,
auf dass sie niemanden mehr blendet.

Alle nun erkennen Sie,
wer sie ist, das garstig Vieh.
Die Hofnarren machen Kung-Fu,
setzen der Hexe übel zu.

Zurück mit ihr in den Verschlag,
wo sie keinem zu schaden vermag.
Und wieder einmal siegt das Gute,
die Bösen haut man mit der Rute.

Ein Hofnarr niemals unterschätze,
auch wenn er noch so viel da schwätze.
Nur weil er trägt nen bunten Zwirn,
heißt das nicht, er hat kein Hirn!

(Die Hexe verbrennend,
Inquisiteur)

Über den Autor

Andreas Reinemer ist am 15.04.1986 in Neuhaus am Rennweg in Thüringen geboren. Seit seiner Kindheit schreibt er Gedichte und nicht allzu ernst gemeinte Texte. Als großer Fan von Heinz Erhardt und Helge Schneider, ließ er sich von diesen Künstlern inspirieren. Sein erstes Gedicht schrieb er mit sechs Jahren auf dem Weg in den Winterurlaub nach Spanien. Sein Vater fluchte bei der Fahrt auf der Autobahn ständig über das Fahrverhalten der belgischen Verkehrsteilnehmer:

Ein Belgier auf der Autobahn

Ein Belgier auf der Autobahn,
das ist überhaupt nicht gut.
Alle Leut die autofahrn',
seid auf der Hut!

Nachdem dieser Kalauer (hahaha) bei den Erwachsenen für Gelächter gesorgt hatte, merkte Andreas, dass das Lachen für die Menschen enorm wichtig ist. Da es im Dezember enorm weihnachtete, dichtete er fleißig weiter:

Der Weihnachtsmann

Kinder, Kinder, seid gescheit,
heute Abend ist's soweit!
Denn der Weihnachtsmann haut bösen Kindern
gern mit der Rute auf den Hintern.

Die Essenz des Lebens ist folglich die Gelassenheit und der
Frohsinn, weshalb sich der Autor an dieser Stelle, wie könn-
te es auch anders sein, mit einem Gedicht verabschiedet:

Über das Lachen

Die Welt ist eine Entropie,
eine Ordnung gibt es nie.
Der Eine hat, der Andre nicht,
das Menschentum: Ein Vielgesicht.

Die Erkenntnis bleibet fern,
kontrollieren will man gern.
Zusammenfügen wies beliebt,
Bitteres wird gern gesiebt.

Man will alles richtig machen
und kein Kleinigkeit verpassen.
Jeder will bestens gefallen,
der Wahnsinn greift mit scharfen Krallen.

Frage dich, was ist dir wichtig,
dann erscheint dir vieles nichtig.
Frage dich, was willst du machen?
Die Antwort immer: Ich möchte lachen!

Freude ist das höchste Gut,
machet glücklich und auch Mut.
Die Welt scheint dabei ganz egal,
drum lach jed' Tag unzählig Mal!

(Reime reimend,

Andreas „Batman" Reinemer)

Zeitfracht Medien GmbH
Ferdinand-Jühlke-Straße 7
99095 Erfurt, Deutschland
produktsicherheit@kolibri360.de